LES TROIS AUTO

AUTARCHIE
Self government

AUTOSYNERGIE
Self help

AUTORESTRICTION
Self restraint

Honorer Dieu,
Aimer l'humanité,
Agir en brave.

(TRIADES.)

PARIS

LIBRAIRIE FISCHBACHER
Société anonyme
33, RUE DE SEINE, 33

1902

LES TROIS AUTO

OUVRAGES DU MÊME AUTEUR

La Conquête de l'Océan. 1 vol. in-12 . . . . 3f.50
Un Coup de sonde dans l'Océan des Mystères. 1 vol. in-12 . 2 »
Tutelle et Autarchie. 1 vol. in-12 . . . . 2 »
L'Europe-Unie. 1 vol. in-12 . . . . 2 »
Croix et Croissant. 1 vol. in-12 . . . . 2 »
Recherche d'Idéal. 1 vol. in-12 . . . . 2 »
Extension, Expansion. 1 vol. in-12 . . . . 2 »
Propos d'Autarchiste. 1 vol. in-12 . . . . 2 »
Christianisme et Autarchie. 1 vol. in-12 . . . . 2 »
Sur le Pont. 1 vol. in-12 . . . . 2 »
Méditations d'un Autarchiste. 1 vol. in-12 . . . . . . 2 »
Mégalithisme . . . . 2 »

(BERGER-LEVRAULT ET Cie, éditeurs).

Gaules et Gaulois. 1 vol. in-16 . . . . 1 »
Enigmes de la Nature. 1 vol. in-16. . . . . 1 »
A travers l'Inconnaissable. 1 vol. in-16 . . . . . . 1 »
Graines au Vent. 1 vol. in-16 . . . . 1 »
La Voix des Pierres. 1 vol. in-18 . . . . 1 »
Germes et Embryons. 1 vol. in-18 . . . . 1 »
Réflexions diverses. 1 vol. in-18 . . . . 1 »
Le Haut-Mékong. 1 vol. in-8° . . . . 2 »
Cochinchine et Cambodge. 1 vol. in-12. . . . . . 3 50
Autour du Monde. 1 vol. in-12 . . . . 3 50
Contre Vent et Marée. 1 vol. in-12 . . . . 3 50
Lettres d'un Marin. 1 vol. in-12 . . . . 3 50
Les Trois Caps. 1 vol. in-12 . . . . 3 50
En Mer. 1 vol. in-12 . . . . 1 »
Récits et Nouvelles. 1 vol. in-12 . . . . 1 »
Mers de l'Inde. 1 vol. in-12 . . . . 2 »
Mers de Chine. 1 vol. in-12 . . . . 2 50
Un Jour à Monaco. 1 vol. in-18 . . . . 1 »
A Barcelone. 1 vol. in-18 . . . . 1 »
Christianisme Autarchique. 1 vol. in-12. . . . . . 2 »
Contre l'Etatisme (Autarchie), 1 vol. in-12. . . . . 2 »
Autarchie politique, 1 vol. in-12. . . . . 2 »

(FISCHBACHER, éditeur).

CONTRE-AMIRAL RÉVEILLÈRE

LES TROIS AUTO

AUTARCHIE
Self government

AUTOSYNERGIE
Self help

AUTORESTRICTION
Self restraint

Honorer Dieu,
Aimer l'humanité,
Agir en brave.

(TRIADES.)

PARIS

LIBRAIRIE FISCHBACHER

Société anonyme

33, RUE DE SEINE, 33

1902

Hommage a mon vénéré Maître

M. DE MOLINARI

Président de la Fédération Internationale

Libre-Échangiste

En se déclarant l'ennemi de la concurrence, le Socialisme prend parti pour l'égoïsme — car, si la concurrence froisse l'intérêt individuel, elle travaille, sans l'ombre d'un doute, dans l'intérêt général.

LES TROIS AUTO

Avec l'organisation des sociétés commerciales de travail de M. Yves Guyot, l'entreprise se substitue au louage des services.

La propriété collective, *mais indépendante de l'Etat*, est l'élément tangible le plus caractéristique de l'autarchie.

** **

La société commerciale de travail substitue le travail libre au travail servile.

Le salariant et le salarié traitent sur le pied de la plus parfaite égalité.

** **

Le marchandage est de règle.

« Seulement, dit M. Yves Guyot, nous voudrions

« que le marchandage, au lieu d'être pratiqué
« par de petits sous-entrepreneurs, fût pratiqué
« par des sociétés de salariés stipulant pour elles-
« mêmes. »

*
* *

En Angleterre, les syndicats tendent manifes-
tement à se transformer en Compagnies de Travail. Ce sera bientôt en France la tendance de
l'élite ouvrière ; le syndicat des typographes a fait
un pas bien marqué dans cette voie.

*
* *

Nulle autre part qu'en Allemagne on n'est aussi
convaincu que le commerce est une science —
voilà pourquoi l'Allemagne devient la première
nation du monde au point de vue commercial.

*
* *

Qu'est-ce que la spéculation ?... c'est la recherche studieuse des besoins à prévoir et des moyens
d'y pourvoir — rien de plus nécessaire ni de plus
compliqué.

Le petit boutiquier (qui, lui aussi, est un spéculateur) s'efforce de connaître les besoins de son

village et s'occupe de faire venir relativement de loin ce qui est nécessaire à leur satisfaction.

Tout commerçant spécule.

Le grand spéculateur étudie le marché universel : d'une part, il s'efforce de connaître les besoins des divers pays ; de l'autre, il s'efforce de connaître la production dans toutes les parties du monde. Sa fonction est de répartir cette production selon les besoins et les moyens de la payer.

Il n'est pas de fonction plus importante ni plus utile. On confond volontiers le spéculateur utile avec le joueur néfaste... rarement le joueur échappe à une ruine méritée. Le marché fait lui-même sa police, nul n'a besoin de s'en mêler.

*
* *

Est-ce qu'il ne se trouvera pas un brave homme assez populaire pour apprendre à l'ouvrier combien d'heures par jour il travaille gratuitement pour le protectionnisme ?

*
* *

Quand les Etats-Unis et la France concluent un traité de commerce, on entend les mêmes clameurs des deux côtés de l'Atlantique.

« Vous nous ruinez au profit de la France, hur-lent les protectionnistes américains ! »

« Vous nous ruinez au profit de l'Amérique, hurlent les protectionnistes français ! »

La vérité est qu'on profite des deux côtés — parce que des deux côtés on reçoit ce dont on a besoin.

Deux hommes libres n'échangent leurs produits que quand ils y trouvent avantage tous les deux. Mais on doit désespérer de faire pénétrer cette vérité de la Palice dans les têtes de bois protectionnistes.

*
* *

Pourquoi ne pas faire pour le blé ce qu'on a fait pour le sucre, se sont demandé des esprits logiques ?

Et pourquoi ne pas faire pour le vin ce qu'on a fait pour le sucre (et ce que les agrariens demandent pour le blé), ont ajouté les esprits méridionaux non moins logiques ?

Alors les Français se serreront le ventre et travailleront gratuitement pour l'étranger — pour la production du sucre consommé par l'Angleterre, les Français ont remplacé ses nègres.

Si le gouvernement, se sont dit les agrariens, voulait bien nous payer des primes à l'exportation, de façon à nous permettre de placer avantageusement en Angleterre et en Belgique les deux tiers de notre blé, le tiers restant ne suffisant pas à la

France (son marché étant garanti par des tarifs contre l'introduction des céréales étrangères), nous pourrons le vendre à prix d'or.

Chose extraordinaire, le Sénat a reculé devant cette organisation de la famine, il a jugé que la disette imposée par M. Méline suffisait.

Et dire que toutes ces imbécillités se débitent au nom du principe « La France aux Français ! »

*
* *

M. Leroy-Beaulieu est d'avis qu'au lieu d'abandonner 35 millions sur l'impôt foncier, mieux eût valu abaisser le taux exorbitant des frais de mutation en les abaissant de 7 à 1.

La France est le seul pays où la transmission de la terre soit si onéreuse — l'intérêt de l'agriculture serait, au contraire, qu'elle devînt aussi aisée et aussi peu coûteuse que la transmission des valeurs mobilières.

Mais, en vrai politicien, M. Méline tenait surtout à paraître prendre l'intérêt de l'agriculteur — avec grand éclat de tambours et de trompettes, il l'a soulagé de la redevance d'une feuille de chou. Si cela ne lui sert de rien, ça n'en est pas moins une attention délicate.

*
* *

Le grand fait moderne est la substitution du marché universel au marché national — toute nation qui ne le comprend pas et n'y conforme pas sa politique économique, court à une irrévocable décadence, qui d'ailleurs peut n'être que relative._

*
* *

Le protectionnisme est le père des agiotages et des accaparements.

Il n'y a pas d'accaparement possible sur le marché du monde.

La déconvenue de Leiter en est la preuve ; pour avoir tenté l'accaparement du blé, il en a été pour cent millions.

*
* *

Le protectionnisme est un truc pour faire payer les objets au-dessus de leur valeur.

S'il n'y avait que le marché intérieur, cela n'offrirait pas un gros inconvénient (il est vrai que s'il n'y avait que le marché intérieur on n'aurait pas besoin de recourir au protectionnisme). C'est assez le cas de son cousin le bimétallisme. A la rigueur, les Français peuvent se passer, pour cinq francs, des pièces qui ne valent que quarante sous ; mais quand nous voulons faire passer la frontière à nos pièces de cinq francs, l'étranger n'est pas assez naïf pour s'y laisser prendre.

*
* *

Le commerce, disent ingénieusement les simples, consiste à acheter bon marché pour revendre cher, ce n'est pas plus difficile que ça.

Et voilà comment, continue l'ingénu, le commerçant, sans rien faire, s'enrichit au dépens du public.

Sans rien faire !... cela se dit couramment. L'inutilité des intermédiaires est une des plus grosses balourdises répandues par le socialisme. En effet, le commerçant ne fabrique pas, mais travaille-t-il du cerveau ? Se préoccupe-t-il de satisfaire des besoins réels ? Rend-il des services ? Et, pour rendre des services, vit-il dans des préoccupations incessantes, dans une tension d'esprit continue ? Et s'il rend des services, n'a-t-il pas droit à une rétribution ? — sans compter qu'en fait de rétribution, il en est souvent de sa poche.

Service pour service, c'est toute l'organisation sociale, du moins la vraie. Et, si j'ai besoin de poivre, celui qui m'en fait venir des Moluques ne me rend-il pas service ?

Une société libre est une société où les services s'échangent librement ; une société où l'échange des services n'est pas libre est une société assujettie.

Dans toute société libre, la concurrence est le régulateur suprême.

Et la concurrence fait que l'industriel achète *cher* pour avoir le choix, et vend *bon marché* pour écouler rapidement ses produits.

Tout a deux faces.

La grande loi des antinomies gouverne le monde.

*
* *

L'émancipation intellectuelle est le but, la grande industrie est le moyen.

*
* *

Il est grand temps pour la France de dénoncer cette Union monétaire latine qui l'entrave et l'empêche d'adopter l'étalon d'or.

Il a bien fallu prendre des mesures restrictives pour la frappe des pièces de cinq francs, preuve manifeste que le bimétallisme est aussi peu pratique qu'il est faux en théorie.

Admettons que les conventions restrictives de la frappe sont religieusement observées, vous ne pouvez empêcher l'industrie des monnayeurs clandestins. Je dis *monnayeurs clandestins* et non faux monnayeurs, puisque les pièces par eux fabriquées valent parfaitement les pièces frappées par le gouvernement de l'Union.

La tentation est vraiment trop forte : acheter un lingot de 450 francs pour en faire 200 jolies pièces de 5 francs, c'est alléchant. Pour entraver pareille industrie, il faut une police singulièrement active et habile. Existe-t-elle chez tous les membres de l'Union ? Quant aux Etats indépendants de l'Union, comme cette fraude ne leur porte aucun préjudice, il est vraisemblable que leur police ne s'en préoccupe pas outre mesure. On ne surveille activement que ce qui vous fait tort.

Quoi qu'il en soit, ce fait reste : ces pièces de cinq francs (qui ne valent pas cinquante sous) s'accumulent à la Banque de France, qui est bien obligée de les accepter.

Mais comme l'argent est la monnaie d'une civilisation arriérée, et l'or la seule monnaie métallique de l'avenir, naturellement le mélinisme retrograde a pris parti pour le bimétallisme.

Nous sommes d'ailleurs la seule nation riche en espèces qui ait conservé le système suranné de l'étalon d'argent.

Voici un exemple convaincant des inconvénients du bimétallisme.

Dans une entrevue avec le ministre des finances de Russie, M. Raphaël Lévy lui demande pourquoi, étant notre allié, il ne dépose pas ses disponibilités à la Banque de France ? A quoi le ministre répond : si je dépose cent millions en France, je ne sais en quelle monnaie on me payera, tandis que si je les confie à la Banque d'Angleterre, j'ai la certitude d'en retirer un poids déterminé d'or fin.

*
* *

L'accroissement de la population, dit le baron de Stieglitz, est inversement proportionnel à la vie intellectuelle d'un pays.

Il est bien possible, en effet, que pulluler comme des rats, ne soit pas le suprême idéal et le plus noble emploi des facultés humaines.

La nation italienne est politique, aussi a-t-elle la spécialité des anarchistes dangereux — car le tout n'est pas de faire des enfants, il faut nourrir les hommes.

« La nation qui est le plus à l'abri des révolutions, ajoute le baron de Stieglitz, est la France, parce que c'est celle où la population augmente le moins.

C'est là un point de vue d'où MM. les repopulateurs feraient bien d'envisager le problème.

*
* *

Le prolétariat menace bien plus l'Angleterre et l'Allemagne que la France, par la surabondance de leurs populations.

Car, en dépit des repopulateurs, pour multiplier les hommes, il faut multiplier les moyens de les faire vivre.

Voilà pourquoi le mélinisme, par le renchérissement de la vie, est le grand dépopulateur.

*
* *

Au lieu de tant nous préoccuper, avec les repopulateurs, de faire des enfants, préoccupons-nous de faire des hommes — ceux-ci, n'en doutez pas, feront des enfants par surcroît.

La *natalité* est une marotte dont quelques faiseurs ont fini par abêtir le public.

Je reçus naguère une lettre d'une brave femme me demandant un secours, étant enceinte de son dix-huitième. Informations prises, elle avait bien eu, en effet, dix-sept enfants, les faisant volontiers par paires, mais elle en avait perdu quinze.

N'importe, il y avait eu *natalité;* cela suffit à la joie des repopulateurs.

*
* *

Le français a le courage du fusil, l'anglais a le courage de la poche — l'or finit toujours par avoir raison du fer.

L'ouvrier anglais, tout imbu de ces trois principes, *self help, self restraint, self government* — c'est-à-dire autosynergie, autorestriction, autarchie — ne rechigne pas à sacrifier une partie de son salaire pour ses trade-unions, mutualités, associations puissantes. Voilà pourquoi la commercialisation du travail, préconisée par M. Yves Guyot est bien plus près de la réalisation, de l'autre côté de la Manche que chez nous,

L'*autorestriction (self restraint)* est la base de la morale et le point de départ nécessaire de l'émancipation du travailleur, n'en déplaise à toutes les variétés de socialisme.

*
* *

Au Havre, le syndicat des ouvriers typographes et similaires s'exprimait ainsi : « Convaincu que « l'amélioration du sort des travailleurs doit être « l'œuvre exclusive des travailleurs eux-mêmes, « le syndicat engage les ouvriers Havrais à s'or- « ganiser d'une façon indépendante sur le terrain « économique, en dehors de toute ingérence politi- « cienne, gouvernementale ou municipale ».

Si telle était l'opinion de la masse ouvrière, le régime de l'autarchie serait fondé, l'ère des révolutions close, et la prospérité de la France établie à tout jamais.

*
* *

Le collectivisme a bien le sentiment de la transformation qui s'opère, en ce sens que la propriété tend de plus en plus à revêtir la forme collective, exemple : les grands établissements métallurgiques, les mines, les chemins de fer... toutes les sociétés par actions et obligations.

Seulement, pour l'autarchie, la propriété collective est la propriété de collectivités *librement constituées*.

Selon les collectivistes, la propriété est entre les mains de la commune ou de l'Etat.

*
* *

Il est bien visible que le revenu des capitaux se réduit de plus en plus « au minimum nécessaire à leur subsistance », suivant l'expression si juste de M. de Molinari. Par suite, ce revenu devient de plus en plus insuffisant pour nourrir son homme. Nous marchons donc très rapidement vers cet état social où nul ne pourra plus vivre sans travailler. Mais par travail nous n'entendons pas le seul tra-

vail manuel, qui est bien loin d'être seul fécond,
qui est même infécond par lui-même.

*
* *

Karl Marx était logiquement un adversaire du
libre-échange. En Allemagne, comme en France
les protectionnistes sont les collaborateurs du socialisme — il est naturel entre protectionnistes et
socialistes d'échanger des politesses.

*
* *

L'utilité reste toujours gratuite et, dans la valeur
des choses, rien ne se paye que les services qui
y sont incorporés.

Cette vérité économique serait la ruine des so-
phismes socialistes, si elle était aussi répandue
qu'elle est indiscutable et ignorée du grand public.

*
* *

Nous disons aux protectionnistes : la seule protection profitable est la protection de la liberté.

*
* *

Personne n'est content de l'Etat — tout le monde
l'accuse, non sans raison, d'exploiter cyniquement

ses sujets et de commettre bévues sur bévues —
nous n'en sommes pas moins possédés par la manie
de tout lui remettre entre les mains.

*
* *

Dès 1842, M. de Molinari prévoyait la nécessité
de la transformation du travail au détail en travail
en gros. Il est indispensable, comme l'a démontré
M. Yves Guyot, qu'une usine ou une industrie
trouve devant elle une Société de Travail respon-
sable, au lieu d'individualités irresponsables. L'organisation de telles sociétés serait-elle favorable
à l'ouvrier? Sans aucun doute. Les Compagnies de
travail bien organisées auraient tous les éléments
voulus pour traiter de pair à pair avec les industriels et les capitalistes.

Dans la conception de M. Yves Guyot, l'entrepreneur d'industrie traite avec une Compagnie de
Travail pour en obtenir un résultat, sans se préoccuper de la façon dont le travail sera exécuté —
c'est le résultat qu'il paye. L'entreprise industrielle
n'a aucun contact, aucun rapport avec les travailleurs ; c'est à la Société commerciale de Travail,
avec laquelle elle a traité, qu'elle a affaire.

Dans ce débat entre l'offre et la demande de travail, ce n'est plus le travailleur isolé, contraint
par ses besoins immédiats, qui traite, c'est une
société puissante dont il fait partie — société dont

le but et la raison d'être sont d'obtenir pour le travail la rénumération maximum permise par l'état du marché.

D'autre part, l'entreprise traite avec une société dont la responsabilité est effective, après signature d'un contrat en forme. Plus de place ici pour les agitateurs et les politiciens de profession. S'il y a, à un moment donné, désaccord entre le travail et l'entreprise, c'est un procès, comme un autre, du ressort des tribunaux.

* * *

Toutes les sciences ne résolvent une question que pour en poser une autre ; l'économie politique n'échappe pas à la règle.

La question à résoudre présentement à été posée par MM. de Molinari et Yves Guyot : la substitution de la fourniture du travail en gros au recrutement du travail individuel, le remplacement du travail aux pièces au détail par le remplacement du travail aux pièces en gros.

Voici, par exemple, confectionnées, toutes les pièces d'un certain nombre de locomotives, il s'agit de les monter. Suivant l'ancien procédé, l'administration du chemin de fer va faire exécuter ce travail par ses ouvriers dirigés par ses contre-maîtres. Suivant le procédé Molinari-Yves Guyot, l'administration des chemins de fer s'adresse à une Compagnie d'ouvriers monteurs et *signe avec elle un contrat en forme* par lequel les dites locomotives doivent être montées dans tel temps et telles conditions suivant le cahier des charges, et l'administration ne s'occupe de rien jusqu'aux expériences de livraison.

* *

Ce sont des irresponsables qui dirigent les grèves. Quand les syndicats se seront transformés en Sociétés commerciales de Travail, préoccupés, avant tout, de toucher de bons dividendes, ils ne se lanceront dans les grèves qu'à bon escient.

* *

J'ai lu dans « le Petit Parisien » : « Nous avons « consacré à ces travaux (l'amélioration de la navi- « gation fluviale) 250 millions dont l'Etat a supporté « le poids ».

L'amélioration des voies fluviales peut être excellente, mais cette manière de s'exprimer est détestable.

L'Etat ne supportera le poids de rien du tout ; c'est la nation qui le supportera — c'est toujours partir de cette idée (l'incurable plaie française) que l'Etat a une autre bourse que la nôtre.

La nation supportera le poids ; quant à l'Etat, il gaspillera sûrement une partie des fonds consacrés aux travaux (car il ne fait rien sans gaspillage), et de plus profitera de l'occasion, pour inventer quelque sinécure.

*
* *

« Le pays produisant à meilleur marché règle les prix du marché. »

Que MM. les protectionnistes méditent cet axiome indiscutable.

*
* *

Le mouvement mutualiste et le mouvement syndical, c'est l'autarchie en marche — il ne faut trop s'étonner s'il leur arrive parfois de s'égarer (le dernier surtout). Les groupements humains, comme l'individu, ont besoin de faire des écoles.

*
* *

S'il est une institution nécessaire et destinée à devenir féconde, c'est bien celle des Bourses de Travail ; on n'a pas moins été obligé de les fermer à diverses reprises. Une institution ne fonctionne pas toute seule — elle rend selon la valeur des gens qui la font fonctionner.

La fermeture d'une Bourse de Travail est toujours le symptôme d'un triste état mental.

Un outil produit rarement de bon travail dans
une main novice. Il faut souvent une longue pratique pour acquérir le tour de main — et, de
toutes les pratiques, la plus difficile est celle des
institutions libres.

*
* *

En l'an XIII, la chambre de commerce de Marseille donnait du *port franc* une excellente défini-
tion : « Un port franc est une ville hors des limites des
douanes : c'est un port ouvert à tous les bâtiments
de commerce sans distinction, quels que soient
leur pavillon et leur chargement ».

C'est un point où, par une sorte de fiction, vient
aboutir le territoire de toutes les nations. Il reçoit
et verse de l'une à l'autre toutes les productions
respectives sans gêne et sans droits.

Le port franc est une des pièces les plus pré-
cieuses de ce mouvement fatal vers l'unité humaine,
auquel s'opposent vainement les préjugés toujours
vivaces d'un passé mort.

*
* *

Il y a des métiers réprouvés par la morale (fort
rares, heureusement) ; ceux-là mis à part, quand,

nous dépouillant de nos vieux préjugés, ferons-nous entrer dans nos mœurs cette vérité élémentaire : il n'y a de sot métier que le métier qui ne paye pas ?

Tel est né ébéniste (comme Louis XVI était né forgeron), l'outil l'attire — mais autant l'outil l'attire, autant le livre lui répugne. Il deviendrait un ouvrier d'art (peut être un artiste, il n'y a pas que le grand art) — peut-être entrepreneur, car il ne recule pas devant le travail intellectuel nécessaire pour une application immédiate. Avec ses qualités morales : ordre, vie rangée, application à tout ce qui donne un résultat immédiat et tangible, il serait devenu un homme utile.

On en a fait un soldat... il végète dans l'armée.

*
* *

C'est en grande partie pour avoir adopté la première (et de beaucoup) le monométallisme or que l'Angleterre a fait du marché de Londres la capitale financière du monde.

Légalement, nous sommes au régime du monométallisme, mais du monométallisme argent : les fondateurs de notre système monétaire n'étaient point gens à tomber dans l'erreur du bimétallisme ; ils ne reconnurent qu'un étalon, *le franc*. En fait, ils considéraient l'or comme une marchandise. Ils avaient fixé la valeur de la pièce d'or par rapport au franc d'après le prix du marché, estimant que *les choses pourraient aller ainsi pendant une cinquantaine d'années*, de légères variations dans la prime de la monnaie d'or correspondant aux légères variations du marché.

Il n'y a pas de discussion possible : le seul étalon *légal* est le franc — et les fondateurs de notre système monétaire, admirable pour son temps, étaient de parfaits monométallistes.

Or, en vertu de la loi que nous avons formulée : « La civilisation d'un peuple est en raison inverse du poids de la monnaie », le franc d'argent ne peut plus être l'étalon de notre monnaie. L'extraordinaire développement d'affaires qui accompagne nécessairement le régime de la grande industrie réclame l'étalon d'or.

Les conséquences de cet état de choses sont très fâcheuses dès que l'on sort du marché national, notre pièce de cinq francs perdant alors plus de la moitié de sa valeur.

L'Allemagne a adopté l'étalon d'or comme l'Autriche-Hongrie, les pays Scandinaves, le Japon, la Tunisie...

Naturellement M. Méline est bimétalliste, le chef du progressisme ne pouvait manquer une si belle occasion de marcher au rebours du progrès.

Pourquoi ne pas reprendre le sesterce ?

*
* *

Il est tout-à-fait impossible de maintenir une hausse factice, là où le milieu est libre, c'est-à-dire là où le marché national est en communication, sans entrave, avec le marché universel; les spéculateurs qui jouent ce jeu en sont promptement victimes.

*
* *

L'état étant l'entrepreneur du bonheur national, chaque français s'imagine n'avoir qu'à ouvrir le bec pour se gaver d'alouettes rôties.

On comprend que les apologistes de l'Etat-Bienfaiteur recrutent plus d'adeptes que les moroses prédicateurs de l'autorestriction et de l'autosynergie.

*
* *

L'homme compte d'autant plus sur lui-même qu'il a moins à compter sur autrui. La solidarité socialiste, où chacun compte sur les autres, conduit à l'anéantissement de la valeur individuelle. Or, on aura beau faire, c'est la valeur individuelle, l'autosynergie de ses membres qui font la valeur d'une nation. La plus grande somme possible de zéros ne donnera jamais que zéro.

* *
*

Sans doute l'individu est débiteur envers la société ; il tient d'elle tout au moins son capital intellectuel et moral — de cette incontestable vérité découle toute morale.

Mais comment s'est constitué ce capital social ?

Est-il, oui ou non, un produit de l'énergie individuelle.

Sans doute l'individu travaille sur un fond social lentement accumulé par les générations antérieures et qui est un fond commun. Mais ce fond commun créé par l'énergie individuelle, c'est encore l'énergie individuelle qui le met en valeur.

Le rêve de constituer la société sur une autre base que l'autosynergie est absurde, et immoral par dessus le marché.

Il n'y a pas à inventer la solidarité, elle est dans la nature des choses. Dans une société basée sur l'échange des services — et telle est bien la forme essentielle (imparfaite, il est vrai) de la société présente — l'égoïste le plus personnel ne peut travailler en vue de sa jouissance personnelle, sans travailler pour tous.

L'homme de loisirs qui les emploie noblement est un homme utile.

L'oisif est répréhensible, mais, en somme, il se fait rembourser des services *non payés*, rendus par d'autres en sa faveur. C'est un être inutile, méprisable par conséquent ; mais il ne fait tort à personne et use strictement de son droit. L'oisiveté devient de jour en jour plus exceptionnelle, en attendant qu'elle devienne impossible.

La solidarité naturelle récompense l'effort individuel.

La solidarité socialiste favoriserait la paresse et l'incapacité.

Combien peu de gens voient dans l'altruisme le devoir envers les autres, et combien sont nombreux ceux qui n'y voient que le devoir des autres envers eux !

Celui qui puise au budget et celui qui l'alimente font tous deux actes de solidarité, seulement le budget (suprême agent de solidarité pour les socialistes) est une vache à lait à nourrir par les uns, pour être traite par d'autres.

*
* *

Quand les syndicats de France auront revêtu la forme de Compagnies de travail (la tendance vers cette institution est bien marquée en Angleterre), leur esprit se transformera. Ils cesseront d'être des instruments de combat pour prendre place parmi les principaux organes de la production industrielle. Car on ne fera jamais que Capital, Direction et Travail ne soient les trois inséparables personnes de la trinité Production.

C'est une basse et menteuse flatterie de dire à l'ouvrier qu'il est seul à produire. Sans le Capital et la Direction, il est le plus désarmé des hommes, et parfaitement inutile.

Le travail à lui seul est aussi improductif que la direction et le capital isolés.

Quand les Compagnies de Travail seront bien établies, elle parviendront sans doute à posséder un jour une portion plus ou moins considérable du capital nécessaire à leur action — alors elles pourront élire leurs Directeurs et se gouverner elles-mêmes. Dans un avenir plus ou moins prochain, la production revêtira souvent cette forme autarchique. Les *Nations* d'Anvers, constituées pour le déchargement des navires, ont déjà réalisé ce desideratum. La Société Typographique de Paris pratique, sous une forme particulière, la commercialisation du travail, dont les formes, dans l'application, sont infinies — de l'autre côté du détroit les trade-unions s'en rapprochent chaque jour.

Sous le régime de la liberté, la production revêt des formes infiniment variées. La commercialisation du travail, si justement pronée par MM. de Molinari et Yves Guyot, est une forme nouvelle, destinée à prendre dans l'industrie moderne une place sans cesse grandissante, sans abolir les formes anciennes qui auront toujours leur emploi.

Les formes de la production et de la rémunération s'adopteront nécessairement aux besoins du milieu, des temps, des lieux. Chaque industrie, en chaque pays, doit se faire sa constitution particulière. Il faut avoir un cerveau de métaphysicien hégélien pour donner à la mine et à la pêche la même forme de production, et le même mode de rémunération au mineur et au pêcheur.

Hors la liberté complète il n'y a que déceptions.

*
* *

L'expérience de la commercialisation du travail, dit M. Yves Guyot, a été faite par M. Gouttes qui en expliquait le mécanisme au congrès socialiste de Marseille, en 1878, sous ce titre très exact : « Associations ouvrières de production n'ayant ni outillage ni capital d'exploitation ».

Nous avons fait, dit M. Gouttes, en trois mois, quarante wagons pour la marine militaire (à l'usine Mouraille à Toulon), alors qu'il avait fallu dix mois pour en faire trente.

Ce qui prouve, entre parenthèses (et ceci n'a rien de surprenant) que l'ouvrier produit plus quand il produit pour lui-même, que quand il produit pour le patron — si ce patron est la Commune ou l'Etat, il produira encore moins que pour un patron ordinaire — d'où l'excellence de la commercialisation du travail.

* *
*

C'est aux ouvriers à organiser le travail, ou plutôt *leur* travail, selon les exigences de leurs professions, et non aux politiciens et aux professeurs de philosophie.

La liberté seule a assez de souplesse pour adapter l'organisation du travail à ses besoins infiniment variés, mais la solution la plus générale sera sans doute la formation de Compagnies d'ouvriers commercialisant leur travail.

* *
*

La panarchie, ou gouvernement de la masse, est l'antithèse de l'autarchie.

Peut-être la démocratie, après avoir tâté de toutes les tyrannies, se résoudra-t-elle à essayer la liberté ?

* *
*

D'après Karl Marx, la société se divise en deux classes : capitalistes et prolétaires. Le capital augmentant sans cesse et *le monde des capitalistes diminuant de plus en plus*, la révolution à bref délai était fatale.

La révolution sociale, tous les jours annoncée pour le lendemain, ne s'est point faite :

> Belle Phills, on désespère,
> Alors qu'on espère toujours.

Les économistes ont démontré (et les socialistes leur en gardent rancune) que, si le capital augmente, le nombre des capitalistes augmente plus rapidement encore — le capital se démocratise incessamment, et la révolution sociale est remise aux calendes grecques.

Ce qui est vrai dans la thèse collectiviste (et cette vérité devient de plus en plus un obstacle à la révolution sociale), c'est que, sous le régime de la grande industrie, l'emploi du capital revêt de plus en plus la forme impersonnelle et collective.

* *
* *

Les désorganisateurs de l'armée, ceux qui travaillent de tout leur cœur à la défaite, sont ceux qui couvrent de lauriers les fautes de nos généraux.

Dans un pays où l'intérêt national aurait compté pour quelque chose vis-à-vis de l'intérêt de l'état-major, on aurait demandé des comptes à l'organisateur de l'expédition de Madagascar, dont il ne serait pas revenu un seul homme, si les Hovas avaient eu le quart de l'énergie des Dahoméens.

Nous avons assez de généraux ayant droit à l'estime pour ne pas encenser les organisateurs de désastres.

Dans une nation qui eût eu plus de souci de sa
dignité que de crainte de l'état-major, au moment
de l'affaire de Fachoda, on eût demandé des expli-
cations à ce ministre de la guerre qui, en 1894,
affirmait à la face du pays, dans un discours
solennel, que la défense des côtes ne laissait rien
à désirer (ce qui lui valut une ovation sensation-
nelle à la Chambre).

*
* *

Le Français est l'homme du monde qui paye le
plus d'impôts ; mais, à son goût, il n'en paye jamais
assez, car chaque jour il charge l'Etat de nouvelles
dépenses.

Jamais le Français n'est satisfait de son salaire
— ce qui est assurément naturel — mais jamais
non plus il ne se lasse d'en offrir une part grandissante à l'Etat.

Le Français désire une augmentation de salaire
non pour en jouir, mais pour avoir la satisfaction
de payer plus d'impôts — chacun prend son plaisir
où il le trouve. L'Etat, il est vrai, sous forme
d'impôts indirects, lui subtilise fort dextrement le
meilleur fruit de son travail.

Ce n'est pas en France qu'on résoudra le problème de l'Etat économique.

Il est toujours de bonne politique de mettre sur le dos de ses adversaires les conséquences de ses propres fautes. C'est la grande manœuvre des hommes d'Etat; elle réussit toujours aux yeux des masses. Après l'absence de scrupules, la première qualité de l'homme d'Etat est l'aplomb.

Trop souvent, pour les hommes d'Etat, l'un sème et l'autre moissonne.

M. Méline pratique cette vérité quand il accuse M. Waldeck-Rousseau de dilapidation.

Sans doute M. Waldeck-Rousseau dilapide; s'il en était autrement, il ne serait pas le chef d'un gouvernement français. Un gouvernement économe et raisonnable ne tiendrait pas debout vingt-quatre heures en France. D'abord ce ne serait pas un gouvernement patriote; car le patriotisme aujourd'hui consiste principalement à lancer le pays dans des entreprises hasardeuses et des dépenses ruineuses.

Plus on pousse aux dépenses, plus on est patriote ou ami du peuple, selon le camp.

Le certain est la marche vers le gouffre.

L'Etat est le joyeux ménétrier qui conduit la danse macabre; mais qui l'a menée avec plus d'entrain que le grand pontife de l'Etatisme? Qu'on lui passe l'archet, avec quelle ardeur il pressera le pas !

*
* *

Les nationalistes veulent la dictature à tout prix et, comme ce prix est la guerre, ils appellent la guerre. Ils savent bien qu'en paix la France repoussera toujours la dictature.

Mais quelle guerre peut favoriser leurs projets ?

Ils ont d'abord jeté le gant à l'Allemagne. C'étaient de terribles revanchards ; à la fin d'un banquet, ils avalaient d'un trait l'empire Germanique avec le dernier verre.

Ça n'a pas mordu.

Dans un pays de service obligatoire, on est prêt à courir à la frontière si elle est attaquée — on est même encore un peu chauvin et l'on chante, à plein gosier, gloire et victoire après boire. Mais si, pour l'ambition ou la vanité de quelques politiciens, on parle de quereller le voisin de l'est, l'enthousiasme tombe... ce n'est point par crainte, c'est par raison et patriotisme intelligent.

Dépités, les nationalistes se sont tournés d'un autre côté et ont fait ce raisonnement astucieux : « si nous déclarions la guerre aux Anglais, il n'y aurait à se faire casser les os que les marins qui ne demandent pas mieux. Il ne sera pas trop malaisé d'entraîner le gros public au moyen de la presse, en réchauffant des rancunes qui n'ont pas de raison d'être depuis plus d'un demi-siècle. Une fois la guerre déclarée, nous pourrions continuer à faire du patriotisme en chambre, et la dictature viendrait de soi ».

Pas bête le calcul; on reconnaît la main de Bazile.

Mais, s'écrieront les gens vivant de travail, c'est le chômage pour la masse ouvrière, car l'Angleterre, qu'on ne l'oublie pas, est le meilleur débouché pour nos industries.

Qu'est-ce que cela peut bien faire au patriotisme nationaliste ? Il vous répondra du haut de son dédain : Que m'importe votre politique d'épicier ?

*
* *

Trop souvent l'altruisme se comprend ainsi : tirer d'autrui tout le parti possible.

*
* *

La solidarité avec le laborieux est le rêve de bien des paresseux et de nombreux ivrognes.

*
* *

Le meilleur gouvernement serait celui qui se proposerait de résoudre le problème de la vie à bon marché. Il en trouverait d'autant plus aisément la solution qu'il n'aurait qu'à se croiser les bras et laisser faire.

Le gouvernement idéal est le gouvernement qui ne gouverne pas.

***

Il faudrait être le bon Dieu pour faire un peu proprement la besogne dont on charge l'Etat en France.

Il faut de l'ordre dans une société, non seulement pour qu'elle prospère, mais pour qu'elle vive — pour maintenir l'ordre, il faut une autorité respectée. Le respect n'a point la force pour base ; autre fondement a le respect, autre chose est l'obéissance par peur — il ne peut plus se prévaloir de l'ancien principe du droit divin — il ne peut plus reposer que sur la *Nécessité*, forme nouvelle du droit divin.

Toute attribution de l'Etat, qui n'a point le caractère évident de la nécessité, est funeste à son autorité — par la raison que plus il a d'attributions, plus il prête le flanc à la critique.

Plus l'Etat est chargé d'attributions, plus il commet d'injustices.

***

L'adoration du Dieu-Etat est un héritage du paganisme cultivé par les Allemands. D'après Hégel, le vrai pontife de la religion nouvelle où Karl Marx a puisé son socialisme soi-disant scientifique, l'*Etat est Divin*.

Pour nos pères de 89, l'idéal était l'émancipation de la personne du joug de l'Etat ; pour les socialistes issus de la philosophie allemande, l'idéal est l'absolue sujétion de l'individu à l'Etat.

*
* *

J'ai reçu la visite d'un inconnu, bien mis, de bonne tenue, ayant toutes les apparences de bonne éducation. Me supposant quelque influence, il m'a demandé, comme la chose la plus naturelle du monde, si je ne pourrais pas l'aider à obtenir de l'Etat, pour sa mère, une somme de quatre mille francs. Quand je lui demandai « à quel titre ? », il a semblé fort surpris et m'a simplement répondu : « ma mère, je vous le jure, en a le plus grand besoin »,

Cette démarche montre bien notre état d'âme — elle est la conséquence très logique de la religion de l'Etat-Dieu, religion de la véritable église de France où l'hérésie est inconnue.

*
* *

Pour M. Méline, le grand pontife de l'Etatisme orthodoxe, la fonction suprême du gouvernement est de distribuer l'argent des contribuables entre les électeurs influents.

Saigner à blanc la communauté pour acheter les votes de quelques puissants industriels, de quelques grands seigneurs terriens, entraînant une clientèle abusée, s'appelle protéger le travail national.

*
* *

Les guerres du premier empire ont répandu le typhus dans toute l'Europe ; il ne disparut de France qu'avec la paix.

La peste escorte fidèlement les soi-disant grands-hommes ; elle ne les quitte jamais.

Depuis Moloch ou Huitzilopochtli, le caractère humain n'a pas sensiblement changé, les masses ont toujours le culte des monstres.

*
* *

Le suffrage universel est l'expression de la bêtise universelle, mais il est infiniment moins néfaste que le génie des hommes d'État.

*
* *

Quand on arrive en gare, on prend son billet pour l'endroit où l'on veut aller, sans se préoccuper des compagnons de route.

En politique, on choisit son but, mais on marche avec qui l'on peut.

*
* *

Quand je considère ses prodigieux travaux, je me demande pourquoi Madame Clémence Royer n'est pas de l'Institut ?

Le génie n'a pas de sexe, pourquoi l'Institut en a-t-il (si peu d'ailleurs) ?

L'Institut date de loin. Qu'il prenne garde de vieillir en s'enfermant dans sa routine.

En proclamant l'égalité des sexes par le talent et en s'adjoignant une Académie des sciences industrielles, commerciales et financières, il s'infuserait un sang nouveau.

*
* *

On entend d'ordinaire par fils de famille le produit d'une longue série d'efforts aboutissant à zéro.

*
* *

« Nous continuons à faire des hommes pour une société définitivement morte » (Demolins).

L'Anglo-Saxon a compris, le premier, les besoins de l'éducation moderne ; de là sa prodigieuse extension. Pendant ce temps, notre éducation classique a continué à nous faire vivre dans des « sociétés mortes ». De là nos préjugés, notre étiolement ; dans cette atmosphère viciée de nécropole, nous avons contracté la maladie du socialisme.

L'éducation classique est une pépinière d'étatstistes.

L'Anglo-Saxon croit qu'il doit faire sa vie, le Français charge l'Etat de son bonheur.

Certes, le socialisme ne parviendra pas à anéantir la liberté individuelle, il ne dépend pas de lui de refondre la nature humaine ; mais je ne puis lui pardonner cette prosternation de masses avachies devant l'idole de l'Etat-Manitou (Manie-tout).

Le socialisme n'est d'ailleurs qu'une branche vigoureuse de cet étatisme, cultivé par M. Méline avec tant d'amour.

Le Français, hypnotisé par l'Etat Manie-tout, n'ose rien entreprendre sans l'appui du gouvernement et l'argent de la princesse. Aussi son champ d'action est-il singulièrement restreint — devant l'Anglo-Saxon, foncièremant autarchiste, s'ouvre le champ illimité des entreprises privées.

Voilà pourquoi nous sommes tombés au cinquième rang des nations, et pourquoi l'Anglo-Saxon conquiert le monde.

*
* *

Un frappant exemple de la malfaisance de l'étatisme est la colonisation officielle de l'Algérie, dont elle a été une des plaies les plus graves. Quand des colons libres se présentaient, ils rencontraient dans la colonisation officielle un ennemi irréductible, de sorte que la colonisation officielle arrivait à ce résultat d'arrêter la colonisation.

*
* *

Il est vraiment étrange de voir les monopoleurs de patriotisme se donner tant de mal pour remettre la direction de la France entre les mains d'un souverain étranger et pour confier l'éducation de la jeunesse à des congrégations gouvernées par des généraux espagnols, allemands, ou anglais siégeant à l'étranger.

*
* *

D'après le Jésuite Emmanuel Sâ, un clerc ne peut se rendre coupable du crime de lèse-majesté envers le Roi, par la raison qu'il n'est sujet que du pape.

Les Jésuites, d'après leur propre dire, n'étant sujets que du pape, ne peuvent prétendre aux droits de citoyens français.

*
* *

Le pieux bandit Musolino, dont la conscience est chargée de sept homicides et d'une douzaine de

tentatives de meurtres, a été arrêté, porteur d'un
revolver, d'un scapulaire de la Madone des Pozi
d'Aspromonte, d'un poignard de 0,^{m}19 et d'une
médaille de Saint-Joseph.

*
* *

Vouloir la séparation de l'Eglise et de l'Etat,
d'après Léon XIII, « serait vouloir que l'Eglise
fût réduite au droit commun », ce qui serait, paraît-
il, le comble de l'abomination.

*
* *

Le 16 janvier 1892, cinq cardinaux français dé-
clarèrent que le Saint-Siège ne faisait pas opposition au gouvernement de la France. Dans cette
déclaration, ils citaient les paroles de l'excellent
saint Anselme : « Dieu n'aime rien tant que la
liberté de son Eglise ».

Malheureusement, par sa liberté, l'Eglise entend
la servitude d'autrui.

*
* *

On interdit l'enseignement aux Jésuites, non
pas parce qu'ils sont catholiques, mais parce qu'ils
forment une société secrète — parfaitement secrète
— dirigée par un chef étranger, soumis lui-même

à un souverain étranger, pour qui notre intérêt national est moins que rien.

*
* *

J'ai trop fréquenté les colonies espagnoles, dans ma jeunesse, pour avoir de grosses illusions sur la moralité de ces pays éduqués par les Jésuites. Naples et la Sicile, non moins dominés par leur esprit, ont la réputation de pratiques singulières, en dehors de la Camorra et de la Mafia.

*
* *

Le pays d'Ignace de Loyola, pétri par son génie, produit spécialement les courses de taureaux et les joueurs de couteau. En Espagne, on compte quarante-cinq assassinats par million d'habitants, et quatre en Angleterre

Avec les Jésuites, prospèrent, dans l'Amérique du Sud, les pronunciamentos, les coups d'Etat et les guerres civiles.

*
* *

Quand M. Méline a quitté le pouvoir, la rue appartenait à MM. Guérin et Déroulède, leurs bandes acclamaient Esterhazy sortant en triomphateur du tribunal qui avait déclaré : il-n'y a point de péché dans cet homme.

Le procès Zola avait été jugé au milieu des plus menaçantes clameurs. — Depuis le procès de Louis XVI, on ne saurait citer un jugement sur lequel aient plus furieusement pesé les colères d'une populace surexcitée — derrière les meneurs, on voyait vaguement des robes noires s'agiter dans l'ombre.

*
* *

Le ciel est la propriété du clergé, et comme cette propriété est sans limites, il peut en vendre indéfiniment des parcelles.

*
* *

Tous nos préjugés politiques ont leur origine dans notre culte pour le grand Manie-tout.

*
* *

L'autarchie pure serait un ordre social résultant du seul fait des transactions et des échanges — échanges de produits ou de services — l'état n'ayant d'autre fonction que de garantir la sécurité, d'assurer la liberté des transactions et l'exécution des conventions librement consenties.

*
* *

Dans le Mélinisme, la concurrence politique remplaçant la concurrence économique, le but à poursuivre n'est plus de perfectionner la production, mais de prendre d'assaut le pouvoir.

*
* *

Pour les nationalistes, on n'est pas patriote, si l'on ne professe l'horreur de l'Anglais ; ils mesurent le patriotisme à l'anglophobie. L'ignorance de l'économie politique et des affaires est un des caractères du nationaliste, elle est même une circonstance atténuante de sa malfaisance ; il croit qu'un pays se nourrit de coups de canon. Si le travail offrait à ses yeux quelque intérêt, il penserait que l'Angleterre absorbe plus du tiers de nos exportations. Nous faisons une cinquantaine de fois plus d'affaires avec la Grande Bretagne qu'avec la Russie — or les affaires, c'est du travail, et le travail c'est du pain.

Nous devons à l'alliance russe, (mais avant tout à nous-mêmes, il ne faut pas l'oublier) l'avantage de travailler en paix avec la sécurité du lendemain ; mais il serait bon de songer aussi à nos masses laborieuses vivant du travail commandé par l'Angleterre.

Une guerre avec notre voisine d'outre-Manche amènerait vraisemblablement une révolution sociale par le manque de travail : guerre civile et guerre extérieure est bien le désir secret de ces monopoleurs de patriotisme ; car d'immenses désastres pourraient seuls amener le gouvernement de leur choix.

Mais, comme ils disent, il faut traverser la mer Rouge pour arriver à la terre promise.

*
* *

Je trouve à toute page des journaux l'expression « Socialisme d'Etat » — mais il ne peut y avoir d'autre socialisme que le socialisme d'Etat — toute organisation qui n'exploite pas la communauté par l'intermédiaire de l'Etat n'est plus du socialisme, c'est de l'autarchie.

Quand Considérant et Cabet recrutaient *des volontaires* pour fonder en Amérique un phalanstère ou une Icarie, comme ils ne demandaient rien à l'Etat, ils pratiquaient l'autarchie, quelque socialistes qu'ils fussent.

Le caractère du socialisme est de mettre la main sur l'Etat pour dépouiller la communauté.

*
* *

Qui a fait la Triplice ? Les pèlerins français qui allaient en masse hurler à Rome : Vive le Pape-Roi !

*
* *

L'étatisme est un danger certain, le chambardement révolutionnaire est problématique.

Le collectivisme, dit M. Yves Guyot, est une menace ; le jésuitisme est une réalité.

Qui a terme ne doit rien... courir au plus pressé, lutter contre l'obstacle du jour, c'est le tissu même de la vie.

*
* *

Les peuples catholiques perdent un temps précieux dans leur lutte contre le cléricalisme ; ils consomment dans cette besogne prodigieusement d'énergie. Pendant ces luttes, les autres peuples progressent par un judicieux emploi de leurs forces et de leur activité.

Toute l'histoire de l'Amérique du Sud se résume en ceci : guerre civile en permanence comme effet de la lutte entre libéraux et cléricaux.

Le Mexique semble échapper à ce lamentable état de choses depuis le départ de Maximilien et l'expulsion des Jésuites.

*
* *

Les moines sont d'incomparables metteurs en scène, là est leur force.

La grande ressource, jadis, était le diable ; les bonnes femmes n'en ont plus peur. On se rattrape de la banqueroute de Satan par les spectacles et les fêtes.

Il faut l'avouer : le protestantisme est ennuyeux, et le clergé catholique est passé maître dans l'art d'amuser les gens.

D'autre part : le catholicisme est coûteux, le protestantisme est une religion économique.

*
* *

La vieille université semble s'être posé le problème (en tout cas, elle l'a bien résolu) d'élever le plus grand nombre possible d'hommes inutiles.

*
* *

Au lycée on apprend tout (à moins qu'on n'y apprenne rien), sauf à gagner sa vie.

⁎

On s'étonne que le Français ne colonise pas, mais que diable un bachelier pourrait-il bien faire aux colonies ?

⁎

Nous avons aussi en France ce que l'empereur d'Allemagne appelait le prolétariat des bacheliers.

⁎

Le recrutement des avocats du socialisme se fait principalement parmi les ratés des lycées où l'on apprend à parler de tout sans être bon à rien.

Les professeurs, gens aussi distingués qu'honorables, ont été coulés dans le moule romain... combien connaissent les besoins des temps nouveaux et les nécessités de la grande industrie ?

⁎

On reproche aux révolutionnaires de n'avoir point réalisé leur idéal, mais l'idéal des premiers chrétiens s'est-il réalisé davantage ?

L'idéal ne se réalise jamais, il n'en est pas moins l'étoile polaire qui guide l'humanité.

* **

Dans un congrès tenu en 1898, l'Eglise méthodiste des Etats-Unis n'a pas hésité à demander cent millions à ses membres, pour création d'écoles, hospices, bibliothèques... ces cent millions ont été immédiatement souscrits.

C'est là un magnifique exemple de la puissance de l'autarchie dans un pays de liberté.

Mais aux Etats-Unis, où la concurrence religieuse existe inébranlable, le monopole religieux est impossible.

Là où la concurrence religieuse est un fait, la tutelle de l'Etat est inutile ou funeste — mais là où le monopole religieux est un fait, comme en France, la tutelle de l'Etat s'impose forcément.

Pourquoi l'Eglise catholique de France redoute-t-elle si fort la séparation de l'Eglise et de l'Etat ? Elle n'a qu'à y gagner moralement — et pécuniairement aussi, si la foi des masses est proportionnelle au tapage des meneurs du parti clérical.

* **

Rien ne fait mieux ressortir, que notre législation sur la Bourse, l'opposition des tempéraments des deux grands peuples qui se font face de chaque côté de l'Atlantique : l'autarchie américaine, d'un côté ; de l'autre, notre déplorable manie de réglementation, fille de l'étatisme romain.

L'idée que le gouvernement peut s'immiscer d'une façon quelconque dans les affaires, au comptant ou à terme, que peuvent conclure deux négociants, ferait bondir toute l'Amérique.

Le marché financier de New-York est libre, absolument libre, le gouvernement ne s'en occupe pas plus que s'il n'existait pas.

La Bourse de New-York n'en jouit pas moins d'une réputation d'absolue intégrité.

Pour être libre, absolument libre, le marché financier de New-York n'en est que mieux organisé — au lieu d'avoir été organisé par l'Etat, qui n'y comprend goutte, il s'est organisé lui-même, suivant les besoins du public, qu'il lui faut satisfaire avant tout — car la liberté est essentiellement organisatrice. Les membres du cercle de la Bourse (car la Bourse de New-York est un cercle, rien de plus, rien de moins) font entre eux la meilleure et la plus sûre police. Le cercle a trop d'intérêt à sa réputation, pour ne pas être sévère dans ses admissions, rigoureux dans sa surveillance ; son mécanisme fonctionnel rend d'ailleurs impossible toute fraude.

Mais faites entrer dans les têtes françaises que les hommes peuvent s'associer librement sans être parqués, surveillés, inspectés par le grand Manie-tout.

*
* *

Tarir la richesse est un mauvais moyen d'augmenter le bien-être du plus grand nombre.

Mais l'envie ronge les masses, et les politiciens sont bien plus préoccupés d'appauvrir les gens qui possèdent que d'accroître le bien être général. C'est d'ailleurs un singulier procédé, pour augmenter la richesse commune, de substituer la ruineuse concurrence politique à la féconde concurrence économique, de transformer le champ du travail en agora.

Le progrès social (au point de vue du bien-être) est le progrès de la mécanique, parce que le progrès de la mécanique, c'est la substitution du mécanicien au manœuvre, du travail de plus en plus intellectuel au travail manuel. — Telle est la solution du problème social vers laquelle marche l'humanité, en dépit des gouvernements, des hommes d'Etat, de la politique et des politiciens.

*
* *

La coopération volontaire (l'antipode de la coopération imposée) caractérise les peuples qui savent fonder et pratiquer la liberté.

*
* *

Le morcellement des marchés enraye le pouvoir de produire.

Les Etats-Unis produisent beaucoup, pour deux raisons : leur marché intérieur est énorme, et ce marché intérieur est sous le régime de l'autarchie la plus complète.

*
* *

Si l'on entend par trust l'intense concentration des forces productives, le trust répond à un besoin très réel de l'industrie moderne — mais le trust n'est oppresseur, il ne peut exploiter les nationaux, qu'à l'abri de tarifs protecteurs.

*
* *

D'après Toussenel, le Français, comme le coq, ne se bat que pour l'amour et pour la gloire.

Soit dit en passant, le coq n'a jamais été l'emblème des Gaulois, leur emblème était le sanglier ; le sanglier était l'enseigne sous laquelle ils marchaient au combat.

Nos ancêtres ont fait bien des sottises, ce n'est pas une raison pour les recommencer — je n'en suis pas moins très épris de leur caractère si remarquablement à double face : un joyeux amour de la vie, le plus parfait dédain de la mort — mais je n'en crois pas moins que, depuis Brennus, il a passé beaucoup d'eau sous les ponts.

Toutes leurs brillantes aventures ont mal fini : si les Romains, après le siège du Capitole, ont mis dans la balance le poids en or du glaive de Brennus, les Italiens ont massacré pendant leur sommeil les Gaulois dispersés, repus et ivres — le pillage du temple de Delphes s'est terminé par un désastre d'une singulière analogie avec la retraite de Moscou.

La plus lamentable des banqueroutes est le dernier chapitre de l'épopée napoléonienne.

L'aventure mexicaine nous a conduits, souffletés par les Etats-Unis, à Sedan.

Le fructueux pillage du palais d'Eté nous a mis en goût, et nous avons voulu recommencer — la nation a payé, les expéditionnaires ont encaissé : les uns la dysenterie — les autres, avec les croix et les grades, l'or, les diamants et les perles ; c'est une chance à courir. Quant à la dernière campagne de Chine, c'est la campagne mexicaine de l'Europe — nos descendants, sinon nous, sauront ce qu'elle coûte. On n'exaspère pas impunément un peuple de quatre cent millions d'hommes intelligents et dédaigneux de la mort; sans doute, l'insurrection des Boxers a été accompagnée d'épouvantables cruautés, mais ne l'avons-nous pas provoquée ?

Ce n'est pas aux apologistes de la Saint-Barthé-
lemy à leur jeter la pierre.

La France a sa bonne part dans ce crime européen ; mais, à tout prendre, elle est moins coupable
que l'Allemagne et l'Angleterre.

Les Romains et les Anglais ont seuls pratiqué
la guerre comme une industrie donnant des béné-
fices... à leurs aristocraties : John Bull n'en est
pas plus riche, et le peuple romain est devenu la
canaille plébéienne.

Que des aristocraties fassent la guerre, c'est
tout simple : la guerre est leur raison d'être, leur
industrie ; mais que des démocraties fassent la
guerre par plaisir, c'est bête à faire pleurer.

La marine et le commerce, voilà, de nos jours,
les instruments de la puissance.

Aussi les protectionnistes et leurs cousins, les
patriotes professionnels, ne manquent-ils pas une
occasion de nuire à l'un et de ruiner l'autre.

*
* *

La politique de l'entente cordiale entre Européens est une nécessité de notre temps. La politique de jalousie internationale doit être remisée
au musée des antiques, avec le vieux matériel
antérieur à la vapeur ; entre Européens, dirait
aujourd'hui Talleyrand, la jalousie est plus qu'un

crime, c'est une imbécillité. Mais dans le concert européen, s'il est deux musiciens dont les instruments doivent s'accorder, c'est bien la France et l'Italie.

* * *

L'Angleterre a fait d'énormes dépenses pour s'établir en Egypte et dans la vallée du Nil. Elle entend y rester — intérêt à part (intérêt discutable) — elle s'en fait un point d'honneur. Espérer qu'elle en partira de bonne grâce est une idée enfantine; tenter de la chasser serait de la démence.

Mais ce fait reste : il dépend de l'union franco-italienne de couper les relations de l'Angleterre avec l'Orient et de la priver de l'usage du canal de Suez.

* * *

Il faut arriver à une entente méditerranéenne, à une fédération méditerranéenne; le point de départ de cette fédération est la reconnaissance catégorique des droits de l'Italie à la prépondérance dans la Méditerranée.

Ayant admis la primauté de l'Italie et la garantie donnée à l'Angleterre de ses possessions ou occupations actuelles dans la Méditerranée, tout se simplifie, l'union de la France et de l'Italie étant largement de taille, au besoin, à contenir les exagérations de l'ambition anglo-saxonne.

La question marocaine est européenne assurément, mais elle est plus spécialement franco-espagnole. Le devoir de l'Italie est d'aider la France et l'Espagne à lui conserver ce caractère franco-espagnol.

Comme nous devons reconnaître et appuyer les vues de l'Italie dans le bassin oriental, nous devons reconnaître et appuyer les intérêts de l'Espagne au Maroc.

A nous à nous arranger avec notre excellente voisine du sud-ouest, comme à l'Italie à s'entendre avec l'Autriche. Il reste assez de Turquie pour satisfaire les ambitions légitimes de l'Autriche et de l'Italie.

*
* *

La France ne peut se développer exagérément en un sens, sans détruire l'harmonie de son être. Tout le monde a besoin d'elle. Toute nation qui, dans une entreprise quelconque, n'est pas appuyée par la France est gênée. Le rôle de celle-ci sera de plus en plus grand si, comprenant sa situation privilégiée, elle dirige ses ambitions vers les domaines de l'art et de la pensée; si elle recherche l'influence morale au lieu de la domination brutale qui lui a échappé pour toujours; si elle aspire au

rôle magnifique de représentant de la justice et
d'arbitre désintéressé dans la lutte des prétentions
et des convoitises des autres pays.

*   *
*

Il y a cinquante ans (la jeunesse ne doute
de rien), je fondai une association dans le but de
chasser le croissant de la Méditerranée et d'établir
le régime du libre échange dans ce grand bassin
qui unit les trois vieux continents.

J'ai recruté deux disciples qui sont morts.

Dans la question de la mise en tutelle de
l'Islam, nous ne visons pas la croyance, mais le
gouvernement. Si le gouvernement théocratique
est détestable à Rome, à Constantinople, il est
encore bien plus mauvais.

La première condition d'existence pour une
société moderne est la séparation du spirituel et
du temporel. Et quand une société, où le spirituel
et le temporel sont confondus, professe la religion
du sabre, elle doit être mise en tutelle, dans
l'intérêt général. Voilà pourquoi je vois sans
douleur l'occupation de tout pays musulman par
une puissance européenne quelle qu'elle soit, y
compris l'occupation de l'Egypte par l'Angleterre.

* * *

Depuis la grande banqueroute du premier empire, il est acquis que la guerre est une industrie qui ne paye plus ses frais.

La guerre sud-africaine en est une démonstration de plus.

* * *

La vieille Europe entretient six millions de soldats; la République des Etats-Unis, sur un territoire presque équivalent, en entretient cent mille. Voilà pourquoi la vieille Europe marche à la décadence relative et ne comptera bientôt plus dans le monde — punition légitime de son entêtement à conserver les institutions du passé. Si les Etats-Unis d'Europe, ou du moins l'union européenne, ne se constituent pas bientôt, la pauvre vieille succombera sous le poids de ses charges militaires.

Ces six millions de soldats sur pied, c'est ce que coûte à l'Europe son impassibilité devant l'annexion de l'Alsace-Lorraine.

Si la justice humaine épargne souvent les coupables, la justice immanente ne manque jamais les nations.

*
* *

Le 22 avril 1901, à Buda-Pest, M. d'Estour-
nelles de Constant, en présence des ministres, des
présidents de Chambre, aux applaudissements des
députés et des magnats, déclare le tribunal de La
Haye une institution nécessaire, et le devoir, pour
toutes les nations, d'y recourir.

Malgré les résistances des attardés de tous
pays, nous marchons vers la paix universelle et
les Etats-Unis d'Europe.

*
* *

Le 29 juin 1901, la ville d'Edimbourg offrait un
banquet à M. Yves Guyot. Le président du banquet buvait « à cette France que tous aiment et
« honorent, non la France des chauvins, mais la
« France vraie, avec sa merveilleuse histoire, sa
« splendide littérature, ses grandes œuvres scien-
« tifiques, la vraie France résolument brave qui,
« une fois de plus, après des calamités inouïes, se
« relevait pleine de force et d'entrain ».

On ne demande qu'à sympathiser avec la
France. Quand nous rencontrons, quelque part,
des mauvaises volontés ou des haines, nous les
devons toujours au patriotisme professionnel. C'est
la spécialité des patriotes brevetés de faire détester
leur pays, dans la mesure de leurs moyens.

* *

Nous avons tout intérêt à vivre en bons termes avec l'Angleterre ; aussi les patriotes professionnels s'efforcent-ils de nous brouiller. Il en est de même, d'ailleurs, de l'autre côté du détroit — c'est la plaie de tous les peuples, ces parasites vivant de patriotisme, qu'ils s'appellent impérialistes ou nationalistes, selon le pays ou les climats.

Nous ne devrions pas oublier que quand, en 1875, le parti militaire allemand s'apprêtait à nous écraser avant notre rétablissement complet, Victoria écrivit à Guillaume Ier la lettre très catégorique où elle indiquait sa volonté formelle de ne point tolérer une pareille tentative. Proudhon a écrit que le premier droit des peuples est l'ingratitude ; il ne faudrait cependant pas en abuser. Pourquoi se montrer reconnaissant envers le tzar jusqu'à la platitude, et ingrat envers la reine jusqu'à l'injure ?

* *

De jour en jour, la personne humaine compte davantage, et cette idée fait journellement un pas de plus, que l'Etat ne peut exiger d'un homme le sacrifice de son repos, de ses intérêts et de sa vie, si ce n'est *pour la défense* de son pays.

*
* *

Dans son magnifique mémoire sur les Communes Françaises au Moyen-Âge, M. Paul Viollet nous fait connaître la bien remarquable convention passée entre les villes de Gand, Bruges, Ypres, Douai, Lille, par laquelle, quand un différend éclatait entre deux de ces villes, les trois autres constituaient un tribunal d'arbitres.

Y a-t-il une idée plus simple que celle de l'arbitrage international ? Mais, semble-t-il, plus une idée est simple et logique, plus elle a peine à faire son chemin dans le monde.

Les préjugés internationaux sont particulièrement vivaces. Tant de gens vivent de cette idée fausse que les peuples ont des intérêts opposés !

*
* *

Avec « Les Etats-Unis d'Europe », nous espérons que l'entrevue du Tzar et du Président aura pour conséquence la conclusion d'un traité d'arbitrage entre les deux grandes puissances. Ce noble exemple entraînerait d'autres peuples.

Il faut que la belle institution de La Haye devienne une institution vivante. Le Tzar a le mérite de l'avoir fait naître, par la proposition généreuse mais peu pratique de désarmement. A la conférence, notre pays par son génie humain, clair et précis, sut gagner la confiance des représentants des autres nations, et grâce en grande partie à son initiative, un projet utopique put aboutir à une institution viable.

Un traité d'arbitrage entre la France et la Russie ne présente aucune difficulté, les deux nations n'ayant ni points de contact, ni sujets de rivalités.

De tous les traités d'arbitrage, le plus utile assurément serait un traité d'arbitrage entre la France et l'Angleterre, et précisément, pour cette raison, il est le plus difficile à conclure. L'excitation à la haine entre les deux peuples procure le pain quotidien (des deux côtés du détroit) à des patriotes professionnels peu disposés à lâcher leurs honteux moyens d'existence.

M. Thomas Barclay, jurisconsulte éminent, ancien président de la Chambre de commerce Britannique à Paris, s'est fait le champion du traité d'arbitrage entre les deux peuples. Nul mieux que lui ne connaît leurs relations commerciales et la communauté de leurs intérêts. Il défend sa thèse par l'exposition des raisons suivantes : Les territoires ou les intérêts des deux nations se touchent en Amérique du Nord, en Amérique du Sud, en Asie, en Afrique, en Europe. Il n'y a pas deux pays au monde entre lesquels existe tant de va-etvient. Paris est devenu indispensable à l'économie sociale anglaise. La côte d'Azur, la Normandie, la Bretagne, sont le rendez-vous d'Anglais qui se comptent par milliers. La France, de son côté, après avoir servi son propre marché, travaille avant tout pour le marché anglais. Il serait naturel que ces deux grands pays, marchant en tête de la civilisation, travaillassent conjointement à l'extinction de la guerre.

*
* *

Un journal de Saint-Pétersbourg s'exprime ainsi à propos du tarif douanier allemand :

« Le ministre des finances est décidé à répondre à chaque élévation de tarif sur les blés, par des mesures de représailles énergiques ». — C'est la règle.

Ce procédé rappelle le conflit de ces deux cochers qui soulagent leur fureur en tapant chacun sur le voyageur de l'adversaire.

Quand les cochers des chars d'Etat se malmènent, les peuples sont les voyageurs involontaires qui reçoivent les coups.

Rien n'est changé depuis la fable du Taureau et de la Grenouille :

> Hélas ! On voit que de tout temps,
> Les petits ont pâti des sottises des grands.

Le bonhomme Lafontaine est un précurseur de l'Autarchie.

*
* *

L'effort humain peut réagir contre les lois de Darwin, comme il réagit contre les lois de la pesanteur.

Une moitié du travail humain est consacrée à délivrer l'homme du joug des lois de la pesanteur et du frottement, lois sans lesquelles il ne saurait exister, sans lesquelles même on ne saurait le concevoir. C'est notre destinée de lutter contre les conditions mêmes de notre vie.

La loi de Darwin, comme toutes les lois naturelles, est irréfragable et éternelle ; mais pour lutter contre ses conséquences mauvaises, nous avons deux armes d'une incomparable puissance : la science et l'association des forces humaines.

Nous ne pouvons pas plus supprimer la lutte pour la vie que nous ne pouvons supprimer la pesanteur et le frottement, mais nous pouvons l'utiliser pour le développement de l'être humain, comme nous utilisons la pesanteur et le frottement pour la satisfaction de nos besoins.

De l'entrée en scène de la vapeur, inauguration de la grande industrie, date une ère nouvelle, antithèse, à beaucoup d'égards, du règne précédent. La lutte pour la vie ne cesse pas de régir le monde, mais les formes et les conséquences de cette lutte ont changé du tout au tout. Le *struggle for life* a revêtu cette forme nouvelle : la concurrence industrielle succède à la concurrence politique et guerrière.

La concurrence guerrière a toujours été destructive. Pour s'emparer de la richesse créée ou pour asservir les hommes, on détruisait une quantité considérable d'hommes et de richesses. Le produit d'une guerre s'accompagnait toujours d'un énorme déchet. La concurrence industrielle est essentiellement productive.

Au lieu de voler le bien d'autrui à main armée ou de soumettre des hommes pour les exploiter (et cela au profit d'un petit nombre), on soumet la nature et on l'exploite au profit de tous.

La volonté de l'homme a vaincu les influences naturelles adverses ; le *struggle for life* est aboli dans le domaine humain sous sa forme malfaisante : à la lutte meutrière succède l'émulation féconde.

Au lieu de s'égorger pour s'exploiter, hommes et nations, sous la pression de la concurrence industrielle, se disputent l'honneur profitable de rendre à l'humanité les plus grands services.

*
* *

Nous autres autarchistes (internationalistes convaincus), nous nous croyons les vrais patriotes, quand nous disons : nul n'a droit de se faire justice, il faut des juges entre les nations comme entre les gens.

*
* *

La guerre au XIXe siècle a coûté 300 milliards et 10 millions de jeunes gens.

Ce bilan doit faire tressaillir de joie les statues élevées par la bêtise humaine aux grands hommes d'Etat.

La bonne volonté n'a pas manqué à Napoléon III, mais il n'a pas fait massacrer assez de gens pour mériter, comme son oncle, des statues.

*
* *

Il est de mode aujourd'hui de montrer le poing à l'Anglais considéré comme l'ennemi héréditaire.

(D'après le catéchisme nationaliste, une nation qui se respecte doit être pourvue avant tout d'un ennemi héréditaire — une nation sans ennemi héréditaire est une belle à qui il manque un œil.)

On n'est pas patriote si l'on n'est pas nationaliste, et l'on n'est pas nationaliste si ne l'on hait pas l'Anglais.

Avec quoi allons-nous combattre l'ennemi héréditaire, est-ce avec des croiseurs ou des sous-marins ?

Ah, si nous n'avions à redouter que ses cuirassés !

Nous coulerions toute la marine britannique sans en être sensiblement plus avancés.

Ce n'est pas avec des sous-marins, des professeurs de sophistique et des marchands de latin (voire avec des patriotes professionnels) que nous vaincrons l'Angleterre, c'est avec des industriels et des commerçants qui ne sont pas encore nés.

*
* *

Si nos intérêts politiques nous rapprochent de la Russie, nos intérêts économiques nous rapprochent de l'Angleterre ; or, par le temps qui court, les intérêts économiques ne sont pas les moins importants.

*
* *

J'ai sous les yeux un dessin bien typique du journal allemand « Ulk ».

Il représente une belle fille coiffée du classique bonnet phrygien, c'est la R. F. Elle pose ses lèvres sur la fente d'une cloison d'un peu moins de hauteur d'homme ; par la fente, on entrevoit, de l'autre côté, une paire de moustaches. Au-dessus de la cloison, paraît le sommet d'un casque à pointe appartenant au propriétaire des moustaches.

Sur la cloison, on lit en grosses lettres Alsace-Lorraine » et au dessous du dessin cette légende :

PYRAME : Embrasse-moi, je te prie, à travers le trou de cette vilaine cloison.

THISBÉ : Mon baiser rencontre bien la cloison, mais n'arrive pas à tes lèvres

        « Songe d'une nuit d'été » (Schiller) (Sic).

Telle est bien la situation de ces deux peuples portés par des intérêts majeurs à s'unir, et séparés par un obstacle présentement insurmontable.

L'Alsace-Lorraine est un mur de flammes entre l'Allemagne et nous.

Quelles entraves a posées Bismarck aux progrès de la civilisation, au seul profit de l'aristocratie militaire prussienne. Dans une lettre à M. Desmaret, ancien bâtonnier de l'ordre des avocats, Crispi dit que la Triplice est le noyau des États-Unis d'Europe et que, pour les constituer, il suffirait de l'adhésion de la France.

Sans doute, mais la cloison entre Pyrame et Thisbé est là.

Toujours, quand l'Europe veut faire un pas vers cette union européenne dont l'impérieuse nécessité devient chaque jour plus urgente, se dresse le fantôme de l'Alsace-Lorraine opposant son veto.

A propos de la visite du tzar en France, un journal italien se demande pourquoi la Duplice et la

Triplice ne s'uniraient pas pour constituer l'Alliance européenne continentale.

Rien de plus simple et de plus désirable, si l'on fait abstraction de l'Alsace-Lorraine.

Mais pouvons-nous entrer avec la Russie dans la Triplice?

Tous les États européens ont des intérêts communs et identiques, on finira bien par le comprendre. Les visées de la Russie se sont tournées vers l'Extrême-Orient, où elle ne gêne aucun État européen, où elle travaille même pour la civilisation, pour la cause commune.

Certes la solution du journal italien est séduisante.

Mais Thisbé peut-elle embrasser Pyrame de bon cœur?

Si, dans ces questions brûlantes, les chefs et ministres des États sont tenus à une extrême réserve, les simples citoyens peuvent parler sans détour.

Quel Français désire une *revanche*? A part quelques saltimbanques et quelques fous, l'espèce des revanchards est totalement perdue. Mais aussi quel Français accepte pour l'Alsace-Lorraine le fait accompli? Ce Français est encore à trouver.

Si, au lieu de nous prendre cinq milliards et l'Alsace-Lorraine, l'Allemagne nous avait pris dix milliards et une de nos colonies, Allemands et

Français seraient aujourd'hui les meilleurs amis du monde.

Nous n'avons vraiment contre l'Allemagne aucune haine ; mais c'est pour nous une idée absolument insupportable de voir les Alsaciens-Lorrains servir sous un autre drapeau.

. . . .

Remontons avec sincérité aux évènements qui ont amené ce triste état de choses.

Sans aucun doute, Bismarck appelait de tous ses vœux une guerre avec la France ; l'impératrice et le parti des *mameluks* (on appelait ainsi les patriotes professionnels de ce temps) la voulaient avec non moins d'ardeur, dans un intérêt dynastique — ne l'oublions jamais.

Comme l'a dit fort justement le comte de Gasparin (dans un mémoire où il conseillait à l'Allemagne, dans son propre intérêt, de ne nous prendre aucun territoire, mais où il nous signalait nos torts) : dans un pays de service obligatoire, on y regarde à deux fois avant de déclarer la guerre ; aussi, d'après lui, quelque envie qu'ils en eussent, jamais Guillaume, Bismarck et de Moltke, n'auraient osé la déclarer.

Nous nous sommes bêtement jetés dans la gueule du loup, mais il n'y a pas à sortir de là : c'est nous qui avons déclaré la guerre (conformément à l'expresse volonté de l'impératrice et de ces mamelucks qui comptent aujourd'hui parmi les plus beaux ornements du nationalisme).

Ayant déclaré la guerre, nous devons en subir les conséquences, cela est juste — et si nous étions les seuls lésés, nous n'aurions qu'à méditer dans le recueillement sur les conséquences de notre amour pour les gouvernements personnels issus des coups d'Etat.

Malheureusement les victimes sont des innocents. Comment oublier que, par notre faute, des Français sont soumis à la domination étrangère, et que leurs fils servent dans l'armée de nos vainqueurs ?

Que cette situation est complexe !

Pouvons-nous, acceptant le fait accompli, abandonner nos compatriotes ? Devons-nous les sacrifier à l'intérêt de l'Europe qui, sans la question de l'Alsace-Lorraine, deviendrait si rapidement l'Europe-Unie ? Non : l'Europe a laissé passer sans protestation le traité de Francfort, il est juste qu'elle en porte la peine.

D'autre part, comme l'avait bien compris le machiavélique génie de Bismarck, nous ne pouvons recouvrer l'Alsace-Lorraine qu'en la ravageant, en la mettant à feu et à sang. Comme me le disait avec tristesse un Alsacien, qui a fait en 1871 les plus grands sacrifices pour conserver la nationalité française, notre don de joyeuse arrivée serait un envoi d'obus à la mélinite.

Il est clair comme le jour que les Allemands

voudraient nous voir accepter leurs avances. Depuis la chute de Bismarck, ils se sont toujours montrés d'une extrême courtoisie, d'une correction irréprochable, ils ont su comprendre notre susceptibilité et l'ont toujours respectée avec un tact parfait.

Dans ces conditions, il est une solution satisfaisante pour la France et fort honorable pour l'Allemagne : c'est de conférer à l'Alsace-Lorraine cette constitution autonome que les Anglais ont accordée aux îles Normandes et de reconnaître la neutralité des Alsaciens-Lorrains. Car ce qui nous intéresse, ce n'est pas le territoire des provinces, ce sont ses habitants. Que l'Allemagne garde ses forteresses, comme les Anglais ont forts et garnisons aux îles Normandes, mais que les Alsaciens-Lorrains jouissent entièrement de leur autonomie comme les citoyens de ces îles. Quand nous verrons nos anciens compatriotes civilement maîtres chez eux, vivant librement sous les institutions civiles qu'ils se seront librement données, nous aurons la conscience tranquille.

Que la France perde des territoires à la suite de cette guerre maudite, déclarée à l'instigation des bonapartistes fervents, dans l'intérêt de leur parti, c'est la conséquence logique de la défaite — mais qu'elle renonce à toute revendication et accepte définitivement la soumission de ses meil-

leurs enfants à la domination étrangère, ceci ne se
peut.

Ayant obtenu de l'Allemagne (il ne doit jamais
coûter aux forts de se montrer généreux) l'autonomie civile et la neutralité de l'Alsace-Lorraine par
la constance de notre protestation pacifique, nous
aurions accompli (dans la limite du possible dont
il faut toujours tenir compte) nos devoirs envers
les victimes du traité de Francfort. Alors soulagés
d'un grand poids, nous pourrions contracter avec
nos voisins de l'Est une union morale, et entrete-
nir des rapports de bon voisinage, au moins aussi
profitables aux Allemands qu'à nous.

Que l'Allemagne accomplisse ce grand acte de
justice, et elle aura bien mérité de l'Europe !

*
* *

En dépit de de Moltke et des chauvins, il est
bien permis de ne pas considérer les guerres de
conquête comme une école de haute moralité —
quant à la guerre défensive, elle l'est sans aucun
doute.

*
* *

Ce n'est pas la force de l'Etat qui fait les grands
peuples, c'est l'énergie des citoyens, leur initiative
et leur esprit d'entreprise.

Comme l'Etat n'a d'autre argent que celui qu'il prend à ses sujets, il n'a d'autre valeur intellectuelle et morale que celle qu'il leur emprunte. C'est la même erreur de doter le despotisme de vertus mirifiques dans l'ordre politique et dans l'ordre économique.

Les grands organisateurs donnent parfois à une nation un éclat factice, mais ils l'épuisent et peu après, elle retombe à plat.

La grandeur du Roi-Soleil a conduit la France (si horriblement malheureuse sous son règne) aux abaissements du règne de Louis XV et aux horreurs fatales de la Révolution.

Les gloires du premier empire ont fait choir la France au cinquième rang des nations.

Gœthe a dit : Prenez conscience du devoir individuel, c'est de là que viendra la grandeur nationale.

Pratiquez l'autosynergie, la puissance nationale viendra par surcroît.

Le règne qui s'annonce est le règne de l'énergie individuelle dans le travail.

*
* *

La puissance du travail est en raison directe de la responsabilité

L'Etat, en sa qualité d'irresponsable est le plus détestable des producteurs.

*
* *,

Ce n'est pas l'œuvre d'un jour de consolider la République ; pour l'accomplir, il faut la paix.

On n'est pas républicain sans être un pacifique.

*
* *

Un de mes amis m'écrit : « Il me semble que tu n'étais pas très chaud partisan de l'alliance russe — c'est vrai ; j'ai été tiède, sinon froid. Pour moi, c'était l'inconnu ; et je ne pouvais m'abandonner à ce débordement d'ivresse qui emportait les masses vers un inconnu — d'autant plus qu'ayant toujours eu pour objectif l'Union européenne, la fédération des Etats-Unis d'Europe me paraissait devoir débuter par l'occident.

Et puis l'exagération de nos élans d'amour, à mon sens, manquait de dignité. Si le moindre torpilleur russe mouillait sur rade, quand son capitaine mettait pied à terre, on eut dit l'entrée de Jésus à Jérusalem.

Ces ovations sans mesure, à tout propos et hors de propos, m'agaçaient.

Dans l'émulation de platitude que je voyais autour de moi, il y avait une apparence de poltronnerie rassurée quelque peu révoltante... Etionsnous vraiment hors d'état de nous défendre nous-mêmes ? Avions-nous donc si grand besoin d'un secours étranger ?

Rien ne me disait non plus que cette alliance ne nous entraînerait pas dans des aventures dangereuses. Au diapason où nous étions montés, n'importe quelle idée eût traversé l'impérial cerveau, le tzar n'avait qu'un signe à faire, rien n'eût arrêté l'emballement populaire, surchauffé par les patriotes professionnels. On se serait précipité dans le gouffre avec un enthousiasme proportionné à l'insanité de l'entreprise.

La proposition de désarmement du tzar, l'attitude de la Russie à la Conférence de La Haye, ont fait tomber mes préventions ; les toasts échangés entre Nicolas II et le président Loubet ont achevé de me convertir.

Tant que Nicolas II occupera le trône, nous avons chance de travailler en paix ; son autorité morale compensera l'œuvre néfaste des patriotes professionnels.

Mais tâchons de conserver de la dignité dans notre engouement. Pour trop de gens le tzar est venu passer l'inspection de *sa* flotte et de *son* armée, et si Nicolas ne s'est pas abandonné à cette illusion, ce n'est pas la faute des patriotes professionnels.

Je vois d'ailleurs un grand avantage à l'alliance franco-russe : nous sommes anthropolâtres (les

Parisiens notamment se passent difficilement d'un fétiche de chair humaine, faute de Marat, ils se contentent de Boulanger); pour notre salut, mieux vaut une idole à Saint-Pétersbourg qu'à Paris. Nicolas II remplace avantageusement Boulanger dans le cœur des foules.

* *

Où est-il, le temps où l'illustre John Bright, alors ministre, donnait sa démission en ces termes, à la veille du bombardement d'Alexandrie.

« Je répudie la dépense de chaque shilling, « l'enrôlement de chaque homme, l'armement de « chaque bateau, qui n'ont d'autre objet que de « nous entremettre dans les affaires des autres « pays et d'étendre les frontières d'un empire assez « grand pour satisfaire les plus vastes ambitions ».

L'Angleterre paie et paiera cher son impérialisme (moins cher toutefois, selon toute probabilité, que nous avons payé le nôtre). Puisse-t-elle, pour son propre bien et pour le plus grand bien du monde, répudier au plus tôt les Chamberlain, pour reprendre les nobles traditions de l'école de Manchester.

* *

En 1884, la Fédération du Livre a institué le *Viaticum*, secours de route accordé par la corporation aux adhérents réduits à chercher du travail d'une ville à l'autre. Elle a conclu des traités de réciprocité avec les fédérations similaires d'Allemagne, d'Autriche, de Belgique, d'Italie de Suède et de Norvège. Tout fédéré traversant ces pays a droit à une allocation de route.

Si la politique sépare les hommes, le travail les rapproche.

Paris n'a pas été fait en un jour ; le viaticum se propagera dans d'autres industries, et cette admirable institution de vraie solidarité contribuera, pour sa part, à l'édification du grand œuvre du XXe siècle, l'Union Européenne.

Le viaticum est une des plus belles créations de ce mouvement autarchique, qui se développe chaque jour, en dépit des étatistes de toutes couleurs.

* * *

Dans sa belle étude : « Doria et Barberousse », l'amiral Jurien de la Gravière raconte les dévastations de Loufti Pacha dans la Pouille et termine ainsi son récit :

« Quand nous faisons la guerre aujourd'hui, où
« sont les fruits de la victoire ? Ni butin, ni esclaves ;
« *pour toute moisson de nouveaux sacrifices à*
« *faire.* Loufti ramenait de la Pouille 10.000 cap-

« tifs, et pas un janissaire ne revenait les mains
« vides. »

C'était le bon temps — maintenant la guerre
ne paie plus, c'est une industrie en pleine décadence ; toute industrie qui ne paie pas est con-
damnée à disparaître.

L'amiral Jurien de la Gravière n'aimait pas la
guerre, il tenta d'arrêter la guerre du Mexique ;
mais la camarilla cléricale, toute puissante à la
cour, la voulait à n'importe quel prix : ses conventions furent déchirées, il fut relevé de son com-
mandement. Quand les conséquences funestes de
l'entreprise se déroulèrent, cet honnête homme
dut se consoler de sa disgrâce en se disant qu'il
avait du moins fait tous ses efforts pour éviter à
son pays de grands désastres.

*
* *

Une dame très distinguée, très patriote et dont
le grand souci est l'éducation morale de ses enfants,
m'écrivait, non sans amertume : « Sur ces jeunes
cœurs et ces jeunes cerveaux, Sedan produit la
même impression que sur nous Waterloo. »

Il faut toujours dire la vérité, agréable ou dé-
plaisante.

C'est vrai, les jeunes générations ne ressentent
déjà plus la blessure de la défaite.

Si la France ne veut ni ne peut renoncer à la récupération de ses provinces perdues, espérant encore voir ses enfants rentrer au giron par quelque évènement impossible à prévoir, toute idée de revanche s'est bien éteinte. D'autre part, si l'Alsace-Lorraine conserve pieusement le souvenir et l'amour de la vieille patrie, elle est lasse de servir de champ clos aux Gaulois et aux Germains. Elle désire le maintien de la paix entre la France et l'Allemagne, considérant les résultats heureux d'une guerre comme bien aléatoires et ses maux comme très certains.

Dans l'intérêt de l'Alsace-Lorraine, (intérêt qui doit être l'objet de notre constante préoccupation), nous ne pouvons songer à déchirer violemment le traité de Francfort.

La réconciliation de la France et de l'Allemagne s'impose chaque jour plus impérieuse et plus pressante ; on le reconnaît, en dépit de tout, en deçà des Vosges et au delà du Rhin.

On sent partout que l'heure est au travail.

On comprend qu'avec le développement actuel de l'industrie, la guerre déchaînerait sur les classes laborieuses des maux sans précédents.

Pourquoi la France et l'Allemagne ne s'engageraient-elles pas par traité à reconnaître la neutralité de l'Alsace-Lorraine ?

On dira : c'est inutile — c'est inutile, si les deux nations veulent vivre en paix ; ce sera inutile encore si les deux nations veulent se battre ; car, en ce cas, la neutralité serait immédiatement violée.

Eh bien, non ! se refuser aux conséquences d'un tel traité, c'est méconnaître la puissance des forces morales — et, quoi qu'on en puisse dire, les forces morales pèsent lourdement sur le cours des choses.

Or, une reconnaissance solennelle, par la France et l'Allemagne, de la neutralité de l'Alsace-Lorraine produirait dans le monde entier un effet moral immense.

Cette neutralité reconnue, l'Allemagne n'aurait aucune raison de refuser à l'Alsace-Lorraine l'autonomie civile, et elle y aurait tout intérêt, parce qu'elle se concilierait, par ce fait, l'affection des Alsaciens-Lorrains.

On ne peut effacer le passé — mais, d'un malheur passé, on peut tirer des conséquences heureuses.

Le problème à résoudre est de transformer l'Alsace-Lorraine en trait-d'union entre la France et l'Allemagne. Cela est possible, ce serait même chose aisée, avec un peu de bonne volonté de part et d'autre.

L'Alsace-Lorraine serait ainsi rendue à son rôle naturel — rôle auquel l'appellent concurremment la géographie et les leçons de l'histoire. — Ce rôle est celui d'intermédiaire entre deux peuples qui ont mille raisons de se rapprocher et qui n'ont nulle part des intérêts divergents, en dehors de cette question troublante.

*\
* *

Que veut le monde ? Produire en paix et échanger librement.

Ce serait d'exécution bien facile.

Mais cela ne ferait point l'affaire des parasites vivant, au moyen de l'étatisme, de l'exploitation des pauvres gens. Aussi, chaque jour adjoignent-ils aux anciennes attributions de l'Etat de nouvelles attributions variées... la fécondité de leur imagination pour dépouiller les masses n'a d'égale que leur avidité.

Voilà pourquoi le protectionnisme, le colonisme et le militarisme prospèrent plus que jamais.

*\
* *

L'Angleterre, comme pays d'autarchie, a l'honneur d'ameuter contre elle les colères exaspérées de l'autoritarisme clérical — les journaux romains inspirés par le Vatican le crient assez haut.

Il est permis, surtout à l'heure présente, de ne pas admirer, tous les agissements de la Grande-Bretagne, mais ce qui lui vaut la haine de la très sainte confrérie, c'est d'avoir donné le mauvais exemple de la pratique de la liberté.

*
* *

Il faut être bien inconscient de la situation économique de l'Europe pour ne pas se préoccuper de la concurrence industrielle des Etats-Unis.

Très prochainement le marché des Etats-Unis sera de 80 millions d'hommes (et d'hommes riches relativement aux autres nations). Pour lutter avec avantage, il faut lui opposer un marché supérieur.

A l'époque où l'on se préoccupe si fort de s'opposer les plus nombreux bataillons, les armées les mieux organisées, il faudrait songer aussi à s'opposer les marchés les plus riches, les mieux organisés et les plus nombreux.

Assurément, il est temps de songer à l'organisation d'un marché européen unifié, pour faire face au marché américain.

Sans doute, le libre-échange absolu, universel est la solution de l'avenir ; tel est bien le but vers lequel marche l'humanité, en dépit de ses gouvernants. Mais il est divers moyens pour l'atteindre. D'après M. de Molinari, ces moyens sont au nombre de trois : 1° Les abaissements de tarifs, sans se préoccuper de réciprocité, moyen qui a si bien réussi à l'Angleterre ; 2° Traités de commerce qui ont l'avantage d'assurer au commerce une stabilité nécessaire, en le garantissant contre les fantaisies des législateurs ; 3° Les unions douanières ou Zollvereins qui procèdent par extension des marchés.

Si la première solution est la plus logique, la troisième a l'avantage de se prêter à la solution d'importantes questions politiques. D'ailleurs, la constitution du Zollverein allemand, antérieur à la constitution de l'Empire, démontre la possiblité d'unifier les marchés d'Etats indépendarts.

C'est le Zollverein allemand qui a fait l'unité de l'Allemagne, c'est par l'union douanière que nous devons marcher à la fédération européenne.

Par où commencer cette union douanière ?

Si nous considérons attentivement une carte de l'Europe, c'est visiblement par l'union douanière de la France, de l'Italie et de l'Allemagne que doit commencer l'unification du marché européen. Ces trois groupes humains, au point de vue maritine, industriel et commercial, formeraient une bien puissante unité.

Cette triplice commerciale dirigerait le mouvement mondial des affaires.

La Belgique, la Suisse et la Hollande solliciteraient immédiatement leur entrée dans ce pacte douanier. Le Zollverein franco-germano-italien serait la base de la fédération européenne.

*
* *

La Russie est tout disposée à abaisser les tarifs d'entrée sur nos vins, si la France veut abaisser les droits sur les blés et les pétroles russes. Il faudrait être bouché à l'émeri pour ne pas comprendre que cette transaction serait avantageuse pour les deux peuples.

Si la visite du tzar avait pour conséquence un libéral traité de commerce entre la France et la Russie, nous ne nous serions pas mis en frais pour rien.

Ce serait la première brèche dans la muraille de Chine élevé autour de la France par M. Méline, muraille qui protège si efficacement notre pays contre la richesse et la prospérité.

*
* *

Je lis dans un journal que la concurrence des Etats-Unis menace le marché européen — ce n'est pas une nouvelle, et le fait est hors de doute — il en conclut la nécessité d'une alliance européenne *pour se préparer à la guerre* contre le nouveau continent.

Une alliance européenne serait assurément un immense bienfait, parce qu'elle permettrait aux nations de réduire leurs dépenses militaires. Mais ce n'est pas avec des canons qu'on remporte la victoire dans la lutte industrielle. A ce marché américain, il faut opposer *le* marché européen. Pour lutter contre l'énorme marché américain, il faut que l'Europe unifie son marché.

*
* *

La dette de cent milliards des Etats-Européens a pour origine à peu près exclusive des dépenses de guerre.

Si les Etats empruntent parfois pour des entreprises d'utilité publique, ils y auraient fait face sans emprunt avec les ressources dévorées par leur colossal budget de la guerre.

En somme, l'Europe s'est endettée de cent milliards pour brûler des édifices, tuer des gens et détruire deux cent milliards de valeurs, fruits des plus pénibles efforts.

Vraiment, c'est par trop absurde.

La Conférence de La Haye fera son œuvre, en dépit de tous les hommes d'Etat — c'est le gland qui deviendra chêne, mais le chêne ne pousse pas dans un jour.

*
* *

Aujourd'hui tous les peuples sont à la fois clients et fournisseurs les uns des autres ; or la richesse de la clientèle fait la fortune des fournisseurs.

L'envie internationale est une des grandes bêtises de notre temps — c'est le pain des nationalistes.

*
* *

Quand élèvera-t-on la voix au nom de la conscience européenne et non des puissances européennes ?

*
* *

La fédération des peuples est la forme la plus élevée de l'autarchie.

*
* *

— Qu'entendez-vous par civiliser de soi-disant barbares ?

— Leur prendre leur pays en se montrant plus barbares qu'eux ?

* *

Ce fut le protectionniste Colbert qui donna la franchise à Marseille, Dunkerque, Lorient, Bayonne, Saint-Jean-de-Luz.

Colbert comprenait avec raison la nécessité du port franc pour contrebalancer, dans la mesure du possible, les effets désastreux de ses tarifs sur la prospérité de la marine et du commerce.

Plus un pays est protectionniste, plus il lui importe d'avoir des ports francs.

Le port franc de Hambourg est entré pour une part considérable dans l'extraordinaire développement de cette ville. La franchise a fait la fortune de Brême, Lubeck, Kola, Gibraltar, Malte, Syngapour.

L'expérience a parlé : a part l'Angleterre qui, par son libre échange, n'a pas besoin de ports francs (tous ses ports sont des ports francs), nos rivaux les plus sérieux sont entrés dans cette voie ; il n'est que temps de les suivre.

* *

Si le Sultan ne s'était point senti dans son tort, il nous eût traduits devant le Tribunal de La Haye.

Par cet appel à la justice internationale, s'il avait
eu le bon droit pour lui, bien entendu, il nous eût
mis en singulière posture. La constitution du Tribunal de La Haye est, en effet, pour une grosse
part une œuvre française. C'est bien le clair génie
de la France qui sut, à la Conférence, donner une
forme viable à la généreuse, mais inapplicable
proposition du tzar.

La France a parfaitement eu tort d'ailleurs de
ne pas appeler le Sultan devant le tribunal de la
justice internationale, avant de recourir à la force.
Il lui incombait de donner ce grand exemple.

En ne le faisant pas, elle a gravement manqué
à ses devoirs.

*
* *

C'est évidemment par un pur anachronisme que
l'île grecque, tout-à-fait grecque, de Mytilène est
encore sous la domination turque.

Mytilène est bien une dépendance de la Grèce
et doit lui être restituée au plus tôt avec toutes les
îles de la mer Egée.

La fédération des peuples est le couronnement de l'autarchie.

Prosternés en extase devant le Grand Manietout, les Français semblent avoir perdu toute conscience de la réalité.

Typographie et Lithographie A. DUCROS — Valence et Paris

OUVRAGES DU MÊME AUTEUR

La Conquête de l'Océan. 1 vol. in-12 . . . . 3f.50
Un Coup de sonde dans l'Océan des Mystères. 1 vol. in-12 . 2 »
Tutelle et Autarchie. 1 vol. in-12 . . . . 2 »
L'Europe-Unie. 1 vol. in-12 . . . . 2 »
Croix et Croissant. 1 vol. in-12 . . . . 2 »
Recherche d'Idéal. 1 vol. in-12 . . . . 2 »
Extension, Expansion. 1 vol. in-12 . . . . 2 »
Propos d'Autarchiste. 1 vol. in-12 . . . . 2 »
Christianisme et Autarchie. 1 vol. in-12 . . . . . 2 »
Sur le Pont. 1 vol. in-12 . . . . 2 »
Méditations d'un Autarchiste. 1 vol. in-12 . . . . 2 »
Mégalithisme . . . . 2 »

(BERGER-LEVRAULT ET Cⁱᵉ, éditeurs).

Gaules et Gaulois. 1 vol. in-16 . . . . 1 »
Enigmes de la Nature. 1 vol. in-16. . . . . 1 »
A travers l'Inconnaissable. 1 vol. in-16 . . . . . 1 »
Graines au Vent. 1 vol. in-16 . . . . 1 »
La Voix des Pierres. 1 vol. in-18 . . . . 1 »
Germes et Embryons. 1 vol. in-18 . . . . 1 »
Réflexions diverses. 1 vol. in-18 . . . . 1 »
Le Haut-Mékong. 1 vol. in-8 . . . . 2 »
Cochinchine et Cambodge. 1 vol. in-12. . . . . . 3 50
Autour du Monde. 1 vol. in-12 . . . . 3 50
Contre Vent et Marée. 1 vol. in-12 . . . . . . 3 50
Lettres d'un Marin. 1 vol. in-12 . . . . 3 50
Les Trois Caps. 1 vol. in-12 . . . . 3 50
En Mer. 1 vol. in-12 . . . . 1 »
Récits et Nouvelles. 1 vol. in-12 . . . . 1 »
Mers de l'Inde. 1 vol. in-12 . . . . 2 »
Mers de Chine. 1 vol. in-12 . . . . 2 50
Un Jour à Monaco. 1 vol. in-18 . . . . 1 »
A Barcelone. 1 vol. in-18 . . . . 1 »
Christianisme Autarchique. 1 vol. in-12. . . . . 2 »
Contre l'Etatisme (Autarchie). 1 vol. in-12. . . . 2 »
Autarchie politique. 1 vol. in-12. . . . . . . 2 »

(FISCHBACHER, éditeur).

www.ingramcontent.com/pod-product-compliance
Ingram Content Group UK Ltd.
Pitfield, Milton Keynes, MK11 3LW, UK
UKHW021745090726
13657UKWH00002B/940